Le Jardin du Silence et la Ville du Roy

Émile Sicard

Nous ferons, ma Diane, un jardin fructueux :

J'en seray laboureur, vous dame et gardienne.

Vous donnerez le champ, je fourniray de peine,

Afin que son honneur soit commun à tous deux.

AGRIPPA D'AUBIGNÉ.

TABLE

LIVRE PREMIER

LIVRE QUATRIÈME

Aix-en-Provence, 1911-1912.

LIVRE PREMIER

I

J'ai fui la ville d'or où les flots et les filles
        Se disputent l'amour
Car une ombre pesait sur mon cœur qui vacille,
        Découronnant mes jours.

Mes mains n'étreignent plus cette chair palpitante
        De l'âcre volupté.
Mes cyprès et mes pins ont la voix consolante
        De l'immortalité.

Je change de rosier quand l'élan de ma vie
        Garde encor sur ses traits
D'une part la douleur, d'une autre l'harmonie
        Qu'augmentent mes regrets.

Ils ne sont point porteurs des vaines pénitences
        Et des chers repentirs ;
Ils ne sont les enfants que de cette distance
        Creusée par l'avenir.

Sait-on jamais ce qui vaut mieux d'un paysage,
        D'une aurore ou d'un soir ?

Malgré la branche offerte à la fleur de passage,
     De louer mon espoir

Ne me fait condamner le passé que je laisse.
     Je dis à mon jardin :
Si je puis vivre mieux dans ta claire sagesse
     Je te donne mes mains.

II

Par l'allée des cyprès, silencieuse et droite,
    Qui mène au balcon dépouillé,
J'ai marché lentement dans la nuit qui miroite
    Et je n'ai pas su la fouiller.

Pouvais-je devenir comme un voleur d'étoiles
    Au milieu d'un si bel accueil
Et pouvais-je, d'un coup, gonfler toutes mes voiles
    Alors que j'étais sur le seuil

De mon nouvel amour et de ma nouvelle âme ?
    Si j'avais cueilli mon désir
Que serait-il resté pour ma joie qui s'affame
    Dès qu'on ne peut plus la nourrir ?

III

Aix, musicale et belle avec la fièvre aux joues,
Aix où les pas clouent le silence,
Chambre royale et nue avec l'alcôve immense
Où dort le souvenir d'Anjou !

La ville a le parfum des guirlandes fanées.
Contre les portes à marteaux
Pour aviver ce bal de cour sur un tombeau
Je mets mon âme décorée.

Aix ! douceur, solitude ! Aix ! languissante voix !
Aix, la rose provinciale,
Des tours de Saint-Sauveur à la rue Cardinale
Combien vous ai-je aimée de fois !

IV

Devant le tombeau de Rose du Perrier.

Bercée par la langueur de mornes litanies,
L'enfant de du Perrier que Malherbes chanta
Repose sous l'autel où des roses flétries
Tombent. L'église est froide et le jour qui s'en va

Ressemble à la pudeur dont mon esprit s'entoure.
J'ose à peine toucher le souvenir si blanc
D'une morte si jeune et dont les traits accourent
Pour garder mes pensées qui luttent tendrement.

Comme nous sommes seuls, ombre de jeune fille,
Ce soir, dans cette odeur d'encens et de piété !
Comme nous sommes seuls et que mon cœur vacille !
Je suis déjà l'automne et vous n'avez été

Que du printemps ! Il est des pommiers sur les routes
Qui sont les frais miroirs de votre enchantement.
Mais quoi, vous n'êtes plus et mon cœur vous
écoute !
La mort n'est-elle donc qu'un vain éloignement ?

Nous sommes sans années, notre temps n'a plus d'âge
Puisque l'éternité ne nous sépare pas,
Jeune fille, au si pur, au si calme visage,
Qui rentrez dans ma vie en sortant du trépas.

Étranges fiancés unis par le mystère
Nous errons mollement sous les lampes du chœur
Et nous mêlons nos voix dans la double prière
Que reflètent nos yeux tournés vers le Seigneur.

Si les fleurs de l'autel se sont trop tôt fanées,
Qu'il vous reste du moins les roses de ma foi.
Ô mon amie, que votre tombe est descellée !
Ô mon amie, combien vous êtes près de moi !

V

Tout oublier, avoir du sommeil, être lâche !
    Tout oublier de son esprit !
Serrer la terre chaude et vouloir qu'elle arrache
    À la détresse tous ses cris !

Naître et mourir à chaque instant et ne survivre
    Qu'à la volupté du néant !
N'avoir d'amis que l'air et que le soleil ivre,
    Que la paresse et les enfants !

Tout oublier ! tremper son cœur de paysage !
    Mûrir pour ressembler au fruit !
Ne vivre que l'été ! ne savoir qu'un visage !
    N'aimer la nuit que pour la nuit !

VI

Mon Dieu, pour que l'été qui vient me soit encore
Parfumé de tendresse et chaud de liberté,
Rendez-moi pur comme vos mains qui m'ont porté
Du silence, un jardin et ce qui le décore.

Si mes désirs ont dépassé votre moisson,
Si j'ai cueilli trop tôt les saisons de ma vie,
Si j'ai livré mon cœur pour qu'il se sacrifie
Pardonnez-moi. Je suis un enfant sans raison.

Coureur de songe et de lumière et de musique.
J'ai l'âme d'une serre et j'ai pris tant de fleurs
Qu'il ne me reste plus qu'un mélange d'odeurs
Et quelques souvenirs de roses impudiques.

Comme un vaisseau qui veut atteindre tous les ports,
Je n'ai fait qu'aborder dans les yeux des rivages.
Mon Dieu, reconnaissez quand même mon visage !
Je n'aurais dû pencher les élans de mon corps

Que sur l'amour du ciel et sur la pénitence.
Pourquoi m'avez-vous fait si chèrement humain,

Puisque dans votre route il est tant de chemins
Et puisque ma faiblesse est un rayon qui danse ?

Je viens à vous, ce soir, car l'eau fraîche des puits
Est heureuse à la gorge avide et desséchée ;
Je viens à vous et ma douleur longtemps cachée
Prends confiance. Entendez-vous le faible bruit

Qu'elle fait ? Oui, je pleure et je sens ma tristesse
Plus lourde de savoir qu'au seuil de mon été
Vous allez m'accorder un peu de pureté
Pour qu'elle me console et que je la délaisse.

VII

Beaux platanes au cœur mouillé,
Musique vive des fontaines,
Palais déserts, maisons sereines,
Jardins, comme vous m'accueillez !

Mettrez-vous ma nouvelle enfance
Entre vos bras qui reposaient,
Ô ville que Stendhal trouvait
La plus amoureuse de France ?

Voici mes lèvres et mes mains
Appuyées sur vos paysages ;
Voici l'amour de mon visage
Qui dévore votre destin.

Vasques, guirlandes, balustrades,
Cours d'honneur, pavillons, châteaux,
Cézanne qui souffre, Van Loo
Qui sourit, Chastel qui parade,

Nicolas Froment qui peint Dieu
Viennent à moi. Quelle maîtresse

Prend René d'Anjou qui paresse
Sous des rideaux de laine bleue ?

Tant d'allées de buis ! tant d'alcôves !
Tant de boudoirs ! tant de jets d'eau !
Vauvenargues meurt, Mirabeau
Fait du bruit, Pauline se sauve

Dans les bosquets de la Barben ;
Et moi, ville si parfumée,
Je cours dans cette chevauchée,
Dans cette ombre et dans ce matin.

Que vous me donnez de clémence
Et déjà de fidélité !
Que de roses vous me jetez
Ô bouquetière de Provence,

Aix des Noëls de Saboly,
Des Fête-Dieu, des livres d'heures,
Des clochers qui chantent et pleurent,
Des jours de marchés éblouis,

Aix des messagers et des routes,
Des auberges, des champs de blé,
Aix du ciel le plus étoilé,
Aix que je sens et que j'écoute !

Mon bonheur n'était-il point né

Que je le puise en ces fontaines,
En ces beaux jardins, en ces plaines,
En ce silence couronné ?

N'était-il point né que ma vie
Ait pris son essor tout à coup ?
Que de colliers sont à mon cou !
Que je caresse d'harmonies !

L'olivier tremble, le laurier
Courbe ses branches sur ma tête.
Les rives de l'Arc sont muettes
Mais l'eau passe sur le gravier.

La halle aux grains est toute blonde
Entre deux places qui lui font
Une corbeille. Les maisons
Ont des remises si profondes

Qu'on y cacherait un pays.
Le matin me charge d'offrandes ;
Les yeux des trieuses d'amandes
Se jouent de mon cœur ébloui.

Je suis une roue de lumière
Qui tourne dans mille flambeaux.
Si je rencontre mon tombeau
Je l'étoufferai sous du lierre.

VIII

Êtes-vous endormie ? Il est tant de silence
Dans le bruit que je fais autour de votre absence,
Que je me dis : ce soir elle ne m'entend pas.
L'eau chante cependant et le soleil est bas
Sur les campagnes bleues où je mène ma course.
J'entoure les bassins et pense que la source
N'a pas le clair désir de se savoir en eux !
Je vais seul dans mes pas, puisque marcher à deux
Ce n'est pas s'en aller avec la joie d'une ombre.
Les hirondelles font des nuages sans nombre
Autour des pins dressés parmi les rochers blancs.
Je ne tiens que mon cœur et votre éloignement.
Vous ne m'entendez pas, ce soir. Vous êtes toute
À vous aimer, à vous suffire. Vers la route
Vous n'entrouvrirez pas vos fenêtres, pour voir
Passer ce voyageur, sans but et sans pouvoir,
Qui foule du gravier, de l'herbe et du mystère.
Un distrait égoïsme attise vos paupières ;
Vos yeux n'ont des éclats que pour le salon vert
Où le divan n'attend ni René ni Werther.
Votre esprit est léger entre vos mains qui flânent ;
Sur le tapis profond, vos babouches persanes

Parcourent des dessins pour s'y mieux assortir.
Que vous fait-il que je sois triste ! On va servir
Le thé ; vos doigts déjà dans le sucrier se pressent !
Que vous fait-il que je sois triste, ma maîtresse,
Votre bouche est heureuse au goût du pain grillé !…
J'ai dépassé la bergerie que vous aimiez,
Le parc où le sylvain de pierre n'a plus d'âge,
Le bosquet des cyprès qui domine un village,
Tout ce que vous savez des vignes et des bois,
Tout ce que l'on voit mal lorsque seul on le voit.

IX

N'ayez souci de mon émoi
Et ne veuillez être que belle.
Ce n'est votre cœur mais vos ailes
Que je veux garder contre moi.

Demande-t-on à la fontaine
Plus que son eau vive ? Au jardin
Plus que ses roses ? Au matin
Plus que sa clarté ? De ma peine

N'ayez souci. Mettez du fard
À votre bouche qui m'emporte,
Embaumez-vous comme une morte
Dont l'âme n'a plus de regards.

Aurais-je attendu les vendanges
Pour ne pas cueillir les raisins ?
J'ai vu battre vos jeunes seins,
J'ai dépouillé la robe orange

Que vous portiez dans cette nuit
Si limpide et si tourmentée !

Lorsque vous vous êtes levée
Je n'avais que le goût d'un fruit.

Ainsi restez puisque la vie
Vous fit servante du plaisir ;
N'ayez souci de devenir
Autre chose que cette amie

De l'ombre qui veut un flambeau.
N'ayez souci que de vous même,
N'ayez souci que l'on vous aime
Plus profondément qu'il ne faut.

Riez, fuyante courtisane,
Messagère de volupté !
Quand les temps auront emporté
Votre jeunesse qui me damne,

Vous vous souviendrez de mes bras
Qui vous mentent et vous supplient
Et vous songerez à Marie
Que Pierre Ronsard célébra.

X

Voici la rue Cardinale
Et l'église de Saint Jean
Et le Musée somnolent
Et le soleil qui s'étale.

Une servante sourit,
D'une fenêtre mal close.
La maîtresse se repose…
Paresse d'après-midi !

Où vont ces abbés qui passent ?
Quelle cloche bat si fort ?
Ah ! ces offices des morts !
Les vivants demandent grâce.

Le défunt appartenait
À la Faculté des lettres.
Le suisse conduit les prêtres ;
Le corbillard apparaît.

Gratitude, politesse !
Les chères petites sœurs

Ont des cornettes en fleur.
Le notaire et la noblesse

Suivent avec dignité.
L'Académie tient le poële
Et les enfants de l'étoile
Ont des cierges sans clarté.

Maintenant c'est le silence,
Au bord des graves hôtels.
Seul le mouvement du ciel
Continue ses révérences.

Voici la rue Cardinale
Et l'église de Saint Jean.
Mélancolique tourment
De la vie provinciale !

XI

Prions Dieu, mes bons amis,
Car Monseigneur est parti.
Tout va mal à ce qu'on dit.

L'État manque de manières ;
L'archevêché solitaire
Est plein d'ombre et de poussière.

Dans le jardin du pasteur,
L'arbre des enfants de chœur
Mourra, croit-on, de langueur.

Fasse la Vierge Marie
Que l'on conserve la vie
Des belles tapisseries.

Don Quichotte est en émoi,
Dulcinée, avec effroi,
Lève, au ciel, ses yeux de soie.

Pendrons-nous l'huissier cupide
Qui veut, d'une main perfide,

Rendre ce palais plus vide ?

Ah ! chère âme des prélats
Dispersée au vent qui va !
Bruit de robe, de rabat,

D'oraisons, de politesse,
Bruit des dames patronesses,
Bruit musical de la messe

Dans la Cathédrale, bruit
D'un roi qu'un cardinal suit,
Bruit du passé, de la nuit,

Des clefs verrouillent les portes,
Bruit de tout ce qu'on emporte,
Que votre harmonie est morte !

Voici le conservateur…
Qu'a-t-on fait de notre cœur ?
Un musée de plus, Seigneur.

XII

Le vent qui déracine et fait tomber les fruits
Entoure ma maison de son ombre fuyante.
Demain je trouverai des branches abondantes
Sur la route du jour dévasté par la nuit.

Le vent ne touche pas le travail de ma vie
Car il est inutile et je n'ai pas semé.
Mais dans l'air de la lampe et des volets fermés
Je songe aux moissonneurs dont la peine infinie

Avait rêvé de la récolte et des marchés.
Quand ils se lèveront, quand l'aube frémissante
Les conduira — porteurs des pioches éclatantes —
Vers la plaine des grains, quand ils auront marché,

Ils ne trouveront plus dans les champs de leur terre
L'espoir que suspendait, pour eux, les amandiers.
Toutes les fleurs seront arrachées, les rouliers
En glaneront, contre les haies, dans la poussière…

L'été sanglotera dans son jeune berceau
Et la douleur des moissonneurs sera pareille

À cette pauvreté que les cieux ensoleillent
Et qui laisse déserts les quais et les vaisseaux.

Mon Dieu, comme le vent s'appuie sur la campagne !
Comme les pins et les cyprès doivent, ce soir,
Essayer leur courage et crisper leurs bras noirs
Vers le Titan furieux qui descend la montagne !

Ayez pitié, Seigneur, de toutes les moissons
Que je vois lorsque ma fenêtre n'est point close.
Épargnez le bonheur des hommes qui reposent
Comme vous épargnez les murs de ma maison.

Que vous offrira-t-on s'il n'est dans les corbeilles
Ni fleurs pour les tresser, ni fruits pour les emplir ?
Que vous offrira-t-on si l'on ne peut cueillir ?
Ayez pitié, Seigneur, de toutes les merveilles

Qui naissent des saisons dont vivent vos enfants.
Ma prière n'est point pour moi mais pour la terre.
Si mon humilité pouvait vous être chère !
Si mon humilité pouvait vaincre le vent !

XIII

J'ai bu du vin, ma tête est lourde…
Les rouliers serrés près de moi
Sentent la route. En quel endroit
Rendrai-je mon âme plus sourde ?

Dans les assiettes de Moustiers
Mets le bœuf en daube qui fume,
Servante dont les yeux s'allument !
Des pas emplissent l'escalier…

L'auberge est pleine ; la patronne
Sourit aux hommes du marché.
Les grandes blouses des bouchers
Font des taches bleues qui frissonnent.

Une horloge marque midi ;
Des fouets claquent dans l'avenue ;
La servante a la gorge nue.
Sur les murs le papier jauni

Se colore de personnages.
Des mouches bourdonnent dans l'air.

Chaque rasade que l'on sert
A le goût d'un chaud paysage.

Servante, apporte-moi des fruits !
Je veux des raisins et des pêches.
Ah ! que ta bouche est rouge et fraîche !
Où dormiras-tu cette nuit ?

Un rayon passe la fenêtre
Et coupe d'une ligne d'or
Le verre que j'emplis encor.
Le soleil boit ! Vive le Maître

De la vendange ! À ta santé !
Il est des caves à Palette
Où je pourrai faire la fête,
Servante, le prochain été.

Les rouliers se lèvent de table.
Ô cette persistante odeur
De ciel, de poussière et de fleurs
Qui me poursuit et qui m'accable !

Où conduisez-vous vos chevaux ?
Quels pays voient vos diligences ?
— Berre, Saint-Remy-de-Provence,
Meyrargues, La Barque-Fuveau…

Trop près ! trop près… Ma tête tourne…

Rouliers, ne m'aviez-vous point dit
Que vous alliez en Paradis ?
Si la servante se détourne

De moi, vous ne la mènerai…
L'auberge lentement se vide ;
Des bruits de chansons et de guides
S'entendent. Mon cœur est doré

Comme le pain que je regarde.
Le travail a tout emporté ;
Seule ma paresse s'attarde…
Pourquoi partir ? pourquoi rester ?

LIVRE DEUXIÈME

I

Pourquoi mon cœur est-il cette coupe fragile
      Qui ne peut contenir
Toute la terre rouge et tous les champs fertiles,
      Et tout leur avenir ?

Pourquoi ne suis-je pas aussi grand que moi-même
      Quand je vois mon pays ?
Pourquoi ne puis-je pas serrer tout ce que j'aime
      Dans mes bras éblouis ?

Accordez-moi, Seigneur, cette humilité sainte
      De savoir à genoux
Contempler les moissons, de tenir mes mains jointes
      Lorsque je suis debout.

II

La route, le village, une aire,
Un cheval qui tourne, du blé,
Des meules, des pins étoilés,
Des vignes, l'odeur de la terre.

Dans l'extase du matin bleu
La paille fuit et le grain tombe.
Sous la chaleur le fruit succombe ;
Tout le pays ressemble à Dieu.

Les lavandières descendues
Des Artaud vers les bords de l'Arc
Rient en passant. Voici le parc
Du Tholonet, les avenues,

Les platanes, la pièce d'eau,
Le souvenir de cent années,
La Castiglione étonnée,
L'ombre des fêtes, le château.

Quelle lumière sur la plaine !
Quels jeux d'amour dans les bosquets !

La gerbe se mêle au bouquet
Et le torrent à la fontaine.

Une église, un ancien couvent,
Un cabaret, une mairie,
Et cette épopée de la vie :
Sainte-Victoire dans le vent !

III

Un moulin tourne
On entend l'eau.

Un moulin tourne
Dans un sanglot.

Le chasseur passe,
Un perdreau fuit.

Le chasseur passe
Le fusil luit.

Sur la colline
Descend la paix.

Sur la colline
Monte un cyprès.

Le cimetière
Est vert et blanc.

Le cimetière

Dort dans le vent.

Toi qui vendange
Sais-tu ton sort ?

Toi qui vendange
Entends la mort.

IV

La fin du jour. Les doigts du ciel tissent leur toile.
      Le soir descend sur les Artaud.
La montagne s'éteint et fait place à l'étoile.
      L'enfant qui rentre les chevaux

Siffle un air du pays et sourit au village.
      Une vieille, sous un mûrier,
Laisse pendre ses mains et traîner son ouvrage.
      Un géranium effeuillé

Luit entre deux volets. Une verveine entoure
      La maison de sa tiède odeur.
De la plaine endormie, que les ombres labourent,
      Sont revenus les moissonneurs.

À peine un peu de vent se lève. Sur la route,
      Qui passe entre deux grands cyprès,
Bêle un troupeau. L'enfant sourit, la vieille écoute…
      Plus rien… la nuit et son secret…

V

La charrette chargée de blé
Passe au soleil, plus blonde encore.

La branche du chemin d'été
Dérobe les épis sonores.

Une belle fourche est plantée
Ardemment dans le cœur du blé.

Vous passez comme la charrette,
Je dérobe comme la branche.

Un peu de votre forme blanche
Reste en mon âme qui vous guette.

Mais la fourche est dans le blé
Et moi je suis solitaire.

Je n'ai fait que dérober
L'ombre heureuse du mystère.

VI

Dans le petit café de la petite place
Des hommes jouent à la manille. Sur les glaces
Trame l'âcre fumée des pipes. On entend
Le bruit sourd de la rue entrer avec le vent
Chaque fois qu'une main nouvelle ouvre la porte.
Une fille sourit dans l'ombre. L'odeur forte
De l'absinthe se mêle à l'odeur du laurier
Qui vient de la cuisine et monte l'escalier.
On boit. Les cartes vont leur train. La jouvencelle
Parle avec un roulier sa langue maternelle.
C'est l'heure où le travail a cessé de régner,
Où le repos des champs se laisse accompagner
Dans l'air épais et chaud d'un café de bourgade.
Ce soir, les moissonneurs qui jouent ou qui regardent
Paraissent oublier leur virgilienne ardeur.
Une lampe éblouie danse comme une fleur
Et croit enguirlander tout le petit espace.
Mais, sur la vitre bleue qu'un peu de jour enlace,
Le pays lourdement s'appuie. On voit le blé,
Les vignes, tout le ciel qui vient de s'étoiler.
Les hommes, deux par deux, redescendent la route.
Le café n'est plus rien qu'un point rouge. On écoute

La nuit qui met son cœur sur le vaste berceau
Des plaines, des maisons, des pins et des coteaux.
Les cyprès, ces soldats des champs, montent la garde.
Le pas d'un chemineau résonne. L'ombre garde
Je ne sais quelle extase et quel ravissement
Qui semble un bras de mère autour d'un cou d'enfant.
Cybèle est endormie au seuil de chaque asile.
C'est un soir de faiblesse humaine et d'évangile.

VII

J'entends les trois chevaux, traînant la diligence,
    Danser dans la poussière.
Été !… C'est une belle route de Provence…
    Le fouet dans la lumière

Claque. Les roues déjà tournent dans le village.
    — Bonjour ! — Monsieur Grégoire
Avez-vous une place ?… Ô le beau paysage !…
    Ces gens vont à la foire.

Une femme en cheveux ressemble à la campagne.
    J'écoute, sur le siège,
Chanter la plaine, l'eau, le vent et la montagne.
    Toute la vie m'assiège.

Une marchande d'œufs m'entretient de ses poules.
    Les yeux d'une servante
Font un ruisseau d'azur qui tremble et qui s'écoule.
    La dame qui s'évente

Possède un beau château. Cet homme est de Palette ;
    Cet autre, lourd et sombre,

Habite Beaurecueil dont la terre est muette.
        Si verte, voici l'ombre

Des platanes. Bientôt nous serons dans la ville.
        La fabrique de laine
S'aperçoit près d'un pont. Un moulin se profile
        Au bord d'une fontaine.

L'école des tambours résonne. La caserne
        A deux belles guérites.
La diligence est jaune… Un mur… Une lanterne…
        L'octroi… Le jour palpite

Dans les petites rues. Sur le pavé sonore
        Les trois chevaux s'avancent.
Le roi René sourit. Un tour de roue encore…
        Le Cours… Aix-en-Provence…

VIII

Isès jette sur la terrasse
Les mailles noires de son cœur
Et chacun de nous les ramasse
Pour refaire un peu de douleur.

Isès est lasse du voyage
À la maison où Dieu frappa
En cachant dans le paysage
La mort qu'il portait dans les bras.

Isès est une messagère,
« Je me suis penchée sur le lit
D'un enfant déjà sous la terre »
Dit-elle à ceux de ses amis

Qui plus près de sa solitude
Veulent dépouiller son chagrin.
Isès s'étend par habitude
Sur la chaise-longue... Un refrain

Persiste à bleuir la fontaine ;
Tout le ciel s'écoule dans l'eau,

Le soleil monte de la plaine,
Isès laisse choir le fuseau

De l'ombre que ses yeux rapportent.
Maintenant un voile à son cou
Met des lueurs de toutes sortes
Sur sa bouche et sur ses genoux.

Isès n'oublie pas, mais Fontlaure
Lui donne des fleurs et des fruits.
Pourquoi n'irait-elle à l'aurore
Comme elle est allée à la nuit ?

IX

Les hommes ont dressé les meules sur les aires ;
Et dans la paix du jour, qui fleurit de la terre,
Les amandiers montent la garde en souriant.
On dirait, au soleil, des palais d'Orient
Qui pourraient contenir des armées écarlates.
La plaine est un vaisseau dont les flancs roux s'écartent
Pour déposer, plus tôt, sur les rives du blé,
L'amour de ce ferment qui s'est amoncelé.
C'est la fin de l'été. La vendange apaisée
Ne laisse qu'une odeur de grappes écrasées.
Dans l'air que le vent presse entre ses bras fuyants
Tout est pur, tout est calme et tout est confiant.
Pour recevoir le poids doré de leurs couronnes
Les travailleurs penchent la tête vers l'automne
Et mettent à genoux les charrues et les faulx.
Ils viennent. On entend tressaillir les coteaux.
Les meules, ces lauriers des humbles, les attendent.
Sur les seuils du matin, où leurs reflets descendent,
Les fronts bruns sont déjà lumineux et bénis.
Les villages, au long des routes, se sont mis
À marcher pour venir aux fêtes de la terre.

Les nuages pressés montent sur leur galère,
Les taureaux du soleil entraînent l'horizon,
Les fumées font des trous au toit de la maison,
Le vaisseau de la plaine aborde le rivage.
Ô règne du travail auquel le paysage
Tend le sceptre d'épis et le manteau de lin !
Reposez-vous, soyez heureux, soyez humains,
Hommes qui ressemblez à ceux de l'Évangile !
Quand l'hiver, ayant fait votre sol plus fertile,
Dépouillera son corps tremblant, vous reviendrez.
Reposez-vous… Le printemps et ses fruits dorés
Pensent à votre amour. Préparez vos corbeilles,
Préparez vos espoirs et vos grains. Sous les treilles,
Qui rougissent aux feux de l'arrière saison,
Comptez votre labeur et voyez sa raison.
Reposez-vous, puisque tous les rois se reposent…
Ces meules, devant vous, sont votre apothéose.

X

Si ta plaine est toujours en joie,
Ton divan est toujours en fête.
Sur l'une ta gloire s'éploie
Et sur l'autre mon corps se jette.

Ma vie prend cette double part
D'horizon et de lit immense.
Je passe d'un char dans un char,
Quand l'un s'en va, l'autre s'avance.

Ici le soleil met mon cœur
Au supplice de sa lumière ;
Ici la lampe est une sœur
Et l'abat-jour une paupière.

Si je sais prendre le chemin
De la terre chaude et biblique,
Je sais rester sur les coussins
Vierge sage ou fille publique.

Il m'est cher de me partager
Entre les blés et la paresse

Et je me laisse vendanger
Par ma force et par ma faiblesse.

Je me livre au jeu des moments ;
Je m'en vais porté par deux ailes !
Sur ta plaine et sur ton divan
Je tourne comme une hirondelle !

Quel est le vent dans les cyprès
Qui me pousse vers les étoiles ?
Quelle est la voix qui fait exprès
De prendre mon vol dans ses voiles ?

Je ne sais plus… Ô taisez-vous
Fleuves traînant des paysages
Et vous dont les yeux sont trop doux
Qui se penchent sur mon visage.

Ne m'accordez aucun transport,
Laissez mon âme si muette,
Que la jalousie de l'effort
Et l'air des voluptés secrètes

N'accourent quand je veux mourir.
Quoi ! vous m'offrez toujours la vie ?
Mais je risque à la découvrir
D'être l'homme qu'on crucifie

Dans son jardin de pavots noirs,

Les yeux tournés vers la fenêtre
Où pleure son manque d'espoir,
Où sourit tout ce qu'il doit être !

Ta plaine a des bras de corail,
Ton divan des ombres soumises ;
Je joins mes mains vers ton travail,
Mais j'ai les mains tellement grises,

Tellement saoûles, ô bouvier
Du Victor Hugo magnifique,
Qu'il faudrait que tous tes rosiers
Au lieu de m'embaumer me piquent.

Ô mon ami, il n'est en moi
Que des buis et des amulettes.
Comment grefferas-tu ma voix
Sur le laurier de tes poètes ?

Je suis devant tes yeux levants
Écartelé par deux antennes.
Ô ma paresse et ton divan !
Ô mon vain courage et ta plaine !

XI

Il a plu. Le jeune dieu,
Dans son temple vert et bleu,

A des gouttes sur les ailes.
Le parc est harmonieux.

Une robe passe, telle
Une fleur de satin blanc.

Le visage étincelant
De l'allée en devient rouge.

Dans les buis une ombre bouge…
Est-ce vous et votre amant

Princesse de tous les temps
Qui vivez dans les bocages ?

Que votre grâce volage
Ne fasse pas un boudoir

Du parc et du paysage ;

Le jeune dieu pourrait voir

Ce qu'il ne me faut comprendre.
Faites votre cœur moins tendre,

Épargnez votre vertu,
Pour que ma faiblesse dise

Que mon temps serait perdu.
Renouez, comme cerises,

Dans la dentelle vos seins.
Il a plu dans cette église

Où vous mettez des coussins.
Septembre vous environne ;

Une fontaine a chanté.
Les derniers jours de l'été

Vous tressent une couronne.
Éloignez-vous de ce parc

Ô tentatrice éveillée !
Je ne veux tendre mon arc

Que vers des feuilles mouillées.

XII

On ne sait pas comment le feu a pris sur l'aire,
      Tout le blé a brûlé.
Pourquoi permettez-vous que le bien de la terre
      Soit ainsi désolé ?

Seigneur, dans les maisons, on pense aux paysages
      Quand le soir est venu.
À quoi pensera-t-on si l'espoir de l'ouvrage
      N'a qu'un visage nu ?

XIII

Ma mère, tout ton cœur et toute ta tendresse
      Ne m'ont pas rendu fort.
Je suis resté l'enfant ployé sous tes caresses.
      J'aurais voulu mon corps

Dressé pour les travaux que ce soir je contemple.
      Tes bras m'ont enfermé.
Je ne puis, de mes mains crispées, bâtir un temple.
      Je ne sais rien qu'aimer.

Mais que cette faiblesse et que cet héritage,
      Ô sainte de mes jours,
N'encadrent de regrets l'éclat de ton visage !
      Si l'homme des labours

Plus utile que moi mérite plus de gloire,
      Il n'a pas mon bonheur.
Ma mère, quand le jour étale sa victoire,
      L'arbre garde ses fleurs.

Tu n'auras de ton fils la saison merveilleuse
      Ressemblant à l'été.

C'est l'automne et sa voix presque mystérieuse
　　Qu'il lui faut t'apporter.

Admire tout le blé, ne chérit que mes roses.
　　Si mon orgueil, parfois,
Jalouse l'étendue et cet apothéose
　　Des vignes et des bois,

C'est qu'il sent que tu n'as, peut-être, osé lui dire
　　Que tu m'eus préféré
Moins humain mais plus grand, afin que ton sourire
　　Ne me donne à pleurer.

LIVRE TROISIÈME

I

À Marius

Étranger si hautain je ne te connais pas.
Que m'importe le bruit de ton ombre et l'éclat
De l'aigle impériale occupant la montagne !
Si tu n'avais été, de ces chères campagnes,
Que le berger qui siffle et conduit son troupeau,
Que le grand moissonneur des vignes et des eaux,
Que le roulier qui n'a que sa route pour gloire,
Peut-être aurais-je pu, recueillant ta mémoire,
Te placer dans ma vie et t'honorer tout bas.
Mais que tes étendards, tes armes, tes combats,
Laissent de trace vaine et de claire fumée
Sur mon cœur où Virgile a fixé sa pensée.
Qu'auraient à faire, dieux, d'un si pompeux retour
Mes roses, mes cyprès, mes buis et mon amour ?
C'est Vénus et non Mars qui chante sur ma porte.
Moins qu'une lèvre heureuse et qu'une vigne morte,
Moins qu'un parfum d'aisselle et qu'une odeur de pin
Ta victoire m'est chère, ô splendide Romain
Dénouant son armure aux plaines de Pourrières.
Où tu mis ton ardeur règne la joie des aires,

Où tu mis des tombeaux murît le champ de blé.
Comment veux-tu, Romain, que ton front étoilé
Éclaire ma maison, mon jardin, mon ouvrage,
Puisque l'Arc de triomphe est sous le paysage
Et puisqu'à ces ruisseaux de sang que tu creusais
Je préfère le goût des figues et du lait ?

II

Suivie des écuyers et de ses amoureux,
Oubliant, pour son cœur, d'impossibles promesses,
Bénie par Monseigneur de Cicé, son Altesse
Partit en palanquin après la Fête-Dieu.

La cour n'obsédait plus la joie de sa tendresse,
Son frère était absent et le ciel était bleu.
Les routes flamboyaient à l'éveil de ses yeux
Et la campagne ouvrait ses parcs à sa jeunesse.

Déjà l'odeur des buis mêlée à son amour
Lui donnait le désir de se donner au jour.
L'été capricieux déployait ses arcades,

La pièce d'eau luisait comme un lit de satin.
Et Pauline Borghèse, amante de Forbin,
Distraite et le corps nu jouait à la naïade.

III

Dialogue avec Louise Colet.

— Que vous êtes chargée de grâce romantique !
  Que vous avez souffert ! que vous avez aimé !
  Reposez-vous… C'est la province bucolique
  Dans laquelle vous êtes née.
  Reposez-vous…
  J'habite ce pays depuis quelques années.
  Partagez avec moi ce raisin parfumé,
  Cet ombrage, ce ciel, ces fleurs et ce vin doux.
  D'où venez-vous ?…
  Ce sont les cloches d'une église
  Qui sonnent.
— Je viens de Venise.

— Prions pour Musset, voulez-vous ?
— Ah ! que l'on m'a fait de reproches
  Sur ce roman !…
  Pourquoi ces cloches
  Sonnent-elles tout le temps ?

— Sans doute pour des morts qui vont en Paradis…

Mais quelle idée d'avoir écrit
Ce livre ?... de la jalousie ?

— Je vous jure... j'étais l'amie
De Musset. Le monde est méchant.

— Reposez-vous.
Encor du raisin ? du vin doux ?
Nous sommes dans votre province
Et pas grand'chose n'a changé.

— Ce bruit ?
— C'est la chaîne du puits
Qui grince.

— Ce bruit ?
— Le vent qui fait bouger
Un laurier-rose.
De quoi tremblez-vous ?
— De rien et de mille choses !

— Reposez-vous.

— Ah ! mon temps de petite fille !
Saint-Jean et son vitrail qui brille !
— Le vitrail brille toujours.

— N'avoir eu pour tout amour
Qu'une romance de fontaine

Dans sa ville ! Que j'ai de peine !

— Ne retournez à Paris.
  Que vous fait ce qu'on écrit ?
  Avec moi restez ici.
  Des fruits ? Chaque saison m'en porte.
  Du vin ? Il en coule à ma porte...

— Pourquoi suis-je déjà morte !

IV

Ô portrait de Granet dans ce Musée tranquille
     Comme vous êtes beau !
Si la mort me permet de choisir un asile,
     Si l'éclat d'un pinceau

Me doit perpétuer, je voudrais cette place,
     Dans l'ombre, auprès de vous.
Mon cœur saura tenir dans ce petit espace ;
     Je n'aurai de jaloux

Que ceux dont les amours cherchèrent le silence.
     Dans mon cadre doré,
Mon visage sera celui de la Provence.
     Sur mon front je mettrai

L'éclat rouge des fruits que Septembre m'apporte.
     Mes yeux se lèveront
Vers un clair paysage empli de feuilles mortes,
     Des pins m'entoureront.

Je tiendrai dans mes mains, doucement alanguies,
     Le livre de Ronsard

Qui contient les Amours d'Hélène et de Marie
        Que je relis si tard.

Mais quel ami, Granet, si cher et si fidèle
        Peut m'immortaliser ?
Serai-je, comme vous, d'un Ingres le modèle ?
        Pourrai-je reposer,

Dans mon âme d'enfant et ma jeunesse d'homme,
        Sur un ciel provençal
Que je veux aussi bleu que votre ciel de Rome ?
        Musée provincial,

Musée dont la petite cour chargée de lierre
        Est la cour d'un couvent,
Musée dont le repos est couvert de prière,
        Musée près de Saint Jean,

Musée dans ses atours, ses couleurs, son or pâle
        Et ses tendres espoirs,
Faites qu'un jour je sois, de l'une de vos salles,
        Celui que l'on vient voir.

V

Le Bibliothécaire

Son chapeau basque et son habit d'épais velours
Le parent, sans orgueil, mais avec complaisance,
D'un air de vagabond reçu chez un Bragance.
Il se moque du ciel et ne vient sur le Cours

Que pour dépoussiérer un peu son insistance
À classer amoureusement et jour par jour
Les livres favoris d'un marquis de Provence.
Il sait le vieux françois car il lui fait la cour.

Le vain souci du temps ne le prend ni l'accable.
Il s'assied au café, songeant aux incunables.
Dans le royaume altier où son esprit est roi

Son rêve en manuscrit l'entoure de fumée.
Des minutes s'en vont où, distrait, je le vois
Mettre en sa poche ouverte une pipe allumée.

VI

La marchande de moules.

Cette marchande avec sa voix et sa balance,
Avec ses paniers clairs qui lui pèsent au bras,
Ne sait que le beau temps et ne se soucie pas
Des hôtels de la rue ni du style de France.

Elle est née vers la mer phocéenne, là-bas,
Dans les Martigues clairs où s'écoula l'enfance
Du Maurras préfacé par Anatole France.
Dès que le messager qui vient et qui s'en va

Fait claquer son long fouet sur la route de Berre,
Elle accourt vigilante, heureuse et la première.
Les coquillages frais lui caressent les mains ;

Elle reçoit en eux le sel et le matin
Qu'elle prie un moment avant que d'aller vendre.

Et comme si son cœur de femme s'en voulait
De ne pouvoir garder tout ce qu'on doit lui prendre

Elle ment en criant : « les moules de Calais !… ».

VII

Le Gentilhomme.

Il semble, grave et beau, sourire à cette époque
Dont on garde au Musée les solennels portraits.
Il tient la canne haute et porte sur les traits
Une finesse vive et pourtant équivoque.

On ne sait s'il fut duc, mais son regard abstrait
Domine le respect attentif qu'il provoque
Et son gilet fleuri, dépouillé de breloques,
Conserve dans l'usure un invincible attrait.

Il habite un château. L'hypothèque et le lierre
S'en partagent les tours, les jardins et les terres.
Des Tuileries il fut commensal autrefois.

Il vit de souvenirs et consigne sa porte.
Son épouse est au ciel et sa maîtresse est morte.
Rien ne peut l'obliger que le retour du roi.

VIII

Une Mendiante.

Elle danse sur un pied
Car l'autre fut écrasé.
Elle aurait pu choisir un autre métier !
Oui c'est vrai, mais lequel ?

Elle croit qu'en dansant elle gagne le ciel.
On lui apprit cela, quand elle était petite.
Elle est comme un oiseau
Qui saute et qui palpite
Dans la rue où sa robe étroite fait du vent.
Elle sera toujours une petite enfant.

Elle s'appelle Maria,
Un nom de sainte,
Mais les femmes d'ici l'appellent le moineau.
Elle porte sur la poitrine un écriteau
Où les lettres ainsi que des lèvres sont jointes.

À la façon qu'elle a
De ramasser les sous,

Des gens disent : « comment fait-elle ? » Et c'est très doux.

Quand elle mourra
D'amour ou de froid,
D'amour ou de faim,
Car il est des hivers sans fin,
Le bon Dieu la recueillera
Et lui donnera une branche
Sur l'arbre bleu du Paradis
Avec une robe chaude et blanche
Pour son petit corps refroidi.

Et Maria sur un pied,
Car l'autre fut écrasé,
Dansera pour l'éternité.

IX

— Mon mari est messager.
  Moi je garde la maison.

— De le voir tant voyager
  Ne te vient-il nul soupçon ?

— Qu'il voyage nuit et jour !
  Je suis seule et j'ai la paix.

— Si la rose de l'amour
  En tes beaux yeux fleurissait ?

— Bah ! les roses meurent bien
  Quand on ne les cueille pas.

— Pourquoi gaspiller le bien
  Que le bon Dieu te donna ?

X

Au bord de mes cyprès je pense à vous, Cézanne.
Si, pour moins pardonner à ceux qui vous
condamnent,
La gloire vint très tard gravir votre tombeau,
Voyez comme l'attente a rendu forts et beaux
Le laurier qui vous couvre et l'ombre qui vous fête !
Je ne sais rien de vous que la piété muette,
Que le travail, que le silence et la maison…
Je n'ajouterai pas la rose à votre front
Car ma main ne saurait s'exhausser jusqu'au chêne !
Pourtant, si c'est aimer que d'ouvrir ses mains
pleines,
Je vous offre, ce soir, la paix de ce jardin
Triste et désenchanté que décorent des pins.
Peut-être l'avez-vous connu dans vos années !
Peut-être vos grands pas, au flanc d'une journée,
Ont-ils passé ma porte et traîné doucement
Entre la vigne morte et les buis ! Du mur blanc
Avez-vous vu le clocher de Saint-Jean-de-Malte,
La route, le morceau de la ville et la halte
Immense et bleue du Mont Victoire, à l'horizon ?
Avez-vous regardé, par la même saison

Que celle d'aujourd'hui, cette lumière rousse,
Pareille à des cheveux légers que le vent pousse
Devant lui ? à des cheveux que les cyprès
Écartent quand ils sont trop rouges et trop près ?
Si vous êtes venu, vous savez mon offrande ;
Mais si vous ignorez mon enclos, sa guirlande
De lierre, son bassin, ses arbres, ses deux puits,
Sachez que je vous donne, en eux, comme le fruit
Le plus pur des étés que j'ai passés sur terre,
Ô Cézanne d'Aix-en-Provence ! solitaire !

XI

À Mistral.

Je relis *Mireille*…
Il fait très doux dans la maison.
Le feu luit dans la cheminée.
J'entends des musiques d'abeilles
— Les dernières de la saison —
Sur les sarments de la veillée.

Quand de mon doigt mouillé
Je tourne la page,
Je tourne aussi des paysages.
C'est Saint-Remy,
Les Antiques, l'ombre des Baux,
Les mûriers
Et les oliviers,
L'huile vierge de mon pays,
Le Rhône, les Saintes, la Crau…

Je connais un *gardian* qui s'appelle d'Arbaud,
Mais je n'ai pas trouvé son nom
Dans cette belle histoire.

Si je savais la raison
De mon cœur et de ma mémoire,
Mistral je t'aurais déjà dit
Pourquoi, lisant tes vers, je songe à mon ami.

Pardonne-moi
De n'être tout entier à l'accord de ta voix,
Mais *Mireille* c'est tant la Provence,
Que l'on peut bien y ajouter
Le souvenir et l'insistance
De ceux qui savent la chanter.

Le vent glisse sur la croisée.
J'entends l'hiver dans les allées.
On a brûlé les feuilles mortes.
J'entends l'hiver contre ma porte.
Le vent glisse sur la croisée.

Ce soir, qu'importe le jardin !
Je suis près de la cheminée ;
Mireille me donne la main.
Je cueille le bon grain de mes jeunes années.

La ville des fontaines
Et du roi René
Est, là-bas, endormie…

Du livre s'envole ma pensée ;
Pourtant *Mireille* l'a suivie.

Mistral en écolier,
Mistral pas encor roi,
Mistral venant à Aix pour y étudier !
C'est à celui-là que je tends la rose,
La rose qui vit douze mois.

Le temps passe, le temps presse.
Qui sait le blé dont il dispose ?
Il faut aller à la jeunesse.

Mistral, je veux encor te parler de d'Arbaud
Car il vint, comme toi, dans la ville aux fontaines.
Dans les mêmes chemins et dans les mêmes plaines
Se rencontrent, parfois, les hommes les plus beaux.

Le temps passe, le temps presse,
Qui sait le blé dont il dispose ?
Il faut aller à la jeunesse.

Quel est le fils, Mistral, que tu chéris le mieux ?
À qui vas-tu laisser, en t'approchant de Dieu,
Ta couronne qui luit et ton sceptre qui tombe ?

Je vois un cavalier
Qui brandit le trident et cueille le laurier.

Ô Mistral, c'est d'Arbaud qui fleurira ta tombe !

Je relis *Mireille*…
Il fait très doux dans la maison.
Le feu luit dans la cheminée.
J'entends des musiques d'abeilles
— Les dernières de la saison —
Sur les sarments de la veillée.

XII

Je clos mes yeux… Ma pipe est morte… Bonne nuit.
Je rentre dans mon cœur comme dans un village.
Le chat ronronne auprès du feu ; tranquille bruit !
Et voici les jets d eau d'étranges paysages.

Qui frappe ?… Entrez !… Une révérence… Le temps
Couvert de pluie, de songe et d'histoires lointaines.
Ah ! c'est vous ?… Et je rêve et suis ce bel enfant
Qui regarde, sans les toucher, des porcelaines.

Du lierre et des allées. Nuages ! Un jardin
Dans lequel un rouet file ses aventures.
La belle du Canet a des roses en main
Et des amours et des œillets à la ceinture.

Une cloche. C'est Marie-Blanche de Grignan
Qui prie dans le couvent désert des Ursulines.
Dies iræ. Ô le mélange si troublant
Des cornettes et des robes de mousseline !

Qui joue la comédie au temple de Watteau ?
Cet escalier secret ?… Tout se tait, tout soupire.

78

Une femme, en tremblant, lit Jean-Jacques Rousseau.
Dans un boudoir Chrétienne d'Aguerre conspire.

Des miroirs, des transports ! Que j'ai vu de portraits
Et d'abat-jour de soie sur la lampe ravie.
Qui vit sur ce balcon ? Qui dort sous ce cyprès ?
Quel est ce clavecin et quelle est cette amie ?

Musicale langueur du soir provincial
Chargé d'étoiles et d'embruns comme un navire !
Je suis ce bel enfant qui regarde le bal
Des reines de biscuit et des poupées de cire.

XIII

Plus tard, plus tard, dans des années,
Un poète me chantera
Comme j'ai chanté ma journée.

Plus tard, plus tard, dans des années,
Ma pauvre vie on la lira,
Près du feu de la cheminée.

Plus tard, plus tard, dans des années,
Une amoureuse pleurera
Sur mon ombre et ma destinée.

Plus tard, plus tard, dans des années,
Le vent du ciel emportera
La rose qu'on m'aura portée.

Je veux que l'on dresse ma tombe
Près d'une source et d'un cyprès.
Je veux que le jour qui succombe
Me donne un rayon de regret.

Je veux que la route qui passe
Me berce du chant d'un troupeau.
Je veux que l'oiseau de l'espace
Dresse son nid sur mon repos.

Je veux que Dieu qui me pardonne
Laisse deux anges me veiller
Et que Vénus fasse l'automne,
Sur ma pierre, se dépouiller.

Plus tard, plus tard, dans des années,
Vous serez morte dans mes bras,
Tremblante, divine et damnée.

Plus tard, plus tard, dans des années,
Votre souvenir passera,
Et vous serez abandonnée.

Plus tard, plus tard, dans des années
Une bacchante dansera
Sur votre tombe ravinée.

Plus tard, plus tard, dans des années,
Une corneille volera

Autour d'une ombre désolée.

LIVRE QUATRIÈME

I

Les clairs chariots d'argent qui portent ma jeunesse
     Brisent leurs beaux essieux,
Et je me trouve seul, perdu dans ma tendresse,
     Sur la route des cieux.

Je mets trois longues nuits à regagner la terre
     L'ayant pour tout abri,
Dès que j'ouvre mon cœur à la fausse lumière,
     Me voilà reparti.

Ainsi jamais lassé mais toujours pris aux ailes
     Par je ne sais quel vent,
Je monte pour tomber. De ma douleur fidèle
     Je ne suis que l'enfant.

II

Puisque Dieu l'a voulu, mon cœur, reprend ta course.
        Va, pauvre et doux ramier !
Prends un peu de clarté, bois un peu d'eau de source,
        Effeuille ton rosier.

Demain tu sais le sort qui t'attend. Fais en sorte
        D'oublier en chemin,
Le plus que tu pourras, cette espérance morte
        Qui te donne la main.

Si, d'être tant de fois rejeté de toi-même,
        Tu pouvais te lasser
De ce courage vain qui te tue et qui t'aime !
        Ne plus recommencer !…

III

Pourquoi d'un nouveau paysage
Ne pas faire un nouvel ami ?
Pourquoi ne se sentir soumis
Qu'à l'unique amour d'un visage ?

Comme on serait libre en son cœur
D'une infidélité si tendre
Et qu'on aurait de joie à prendre
Le sourire de toute fleur !

Mais la vie railleuse et cruelle
Nous inflige le lourd désir
De rester quand il faut partir,
De souffrir en ouvrant ses ailes.

Ainsi la beauté d'un printemps
Ne nous sépare d'un automne ;
Et l'amant trouve monotone
Sa convoitise d'un instant.

Le premier jardin que l'on laisse
Est toujours le plus doux jardin.

Les roses des nouvelles mains
Ont beau sangloter de tendresse

Et faire assaut de leur couleur,
Rien ne peut fléchir la pensée
D'une saison et d'une allée
Quand l'enfance en a pris l'odeur.

L'enfance c'est le ciel qui s'ouvre
Lorsqu'on ne croyait plus au ciel ;
C'est l'abeille qui fait son miel,
C'est la ruche dont on se couvre.

L'âge c'est ce qui vient après :
La douleur, la route et l'espace.
Si des yeux l'enfance s'efface
Le cœur en garde les regrets.

Rien n'est humain de nos voyages
Et la vie nous fait voyager.
Le plus heureux des naufragés
N'oublie pas son premier rivage.

IV

Je prends vos mains... vous vous taisez... je vous demande
    De ne plus vous cacher de moi.
Vous m'offrez votre bouche et vos beaux yeux descendent
    Sur la jalousie de ma voix.

Pris dans votre réseau mon courage s'oublie ;
    Je reste le moins fort des deux.
Vous vous taisez pour ne donner rien à ma vie
    Que le supplice d'être heureux.

Je n'ai jamais de vous que l'active jeunesse
    Dévorant ma subtile ardeur.
La corbeille des fruits tendue à mon ivresse
    Ne contient les raisins du cœur.

Vous m'avez dit un jour qu'une petite fille
    Sommeillait en vous, doucement ;
Quand je crois la trouver son ombre m'est ravie
    Par le plus lâche enchantement.

Ainsi nous n'avons rien de commun que nos fêtes,
      Le plaisir est notre vaisseau.
Je prends vos mains... vous vous taisez... Et si muette
      Vous creusez pourtant mon tombeau.

V

Pour que mon souvenir passe la porte sombre
Que fermera sur lui la lourde éternité,
Pour que mon nom demeure et que vive mon ombre,
Je veux dans cette plaine, où l'amour m'a porté,

Planter un jeune pin qui croîtra chaque année.
Ainsi le laboureur au retour des travaux
Sous ses aiguilles d'or reposant sa journée,
Ainsi le berger Pan qui taille son roseau,

Ainsi l'oiseau du ciel et l'agnelet docile,
Ainsi l'écureuil blond se dérobant au jour
Béniront mon orgueil qui dressa cet asile
Et le vénéreront en en faisant le tour.

Si le temps, plus qu'à moi, vous accorde de grâce,
Si vous viviez tandis que je ne verrai plus,
Vous viendrez, ma Diane aux jeunes dents voraces,
Rôder près de cet arbre odorant et perdu.

Fiévreusement, vous embrasserez sa résine
Croyant qu'elle sera le destin de mes pleurs

Et la plaine onduleuse au couchant des collines
Verra sur le pin noir se greffer une fleur.

VI

Ô mon amour, plus je vous hais moins je vous quitte,
    Je n'ai pas de vertu.
Vous êtes le jardin consacré qu'on habite
    Même en n'y croyant plus.

J'ai trop connu l'orgueil pour louer ma faiblesse
    Et ne suis rien qu'humain.
Craignez que ma pitié soit l'unique tendresse
    Dont je couvre vos mains.

Comme vous rougiriez, ô mon amour, d'apprendre
    Le sens de mon désir.
Je veux tout vous donner afin de ne vous prendre
    Que le goût du plaisir.

VII

Des femmes que le temps n'arrête
Arrivent avec leurs paniers.
On entend le bruit des charrettes
Montant la rue des Cordeliers.

L'odeur des fruits et des légumes
Couvre la place du marché.
La tour de la mairie consume
Le soleil qui vient s'y coucher.

Un homme soulève deux poules
Et flatte leur plumage roux.
Un âne braie parmi la foule.
Des pommes, des raisins, des choux…

VIII

La fontaine dont l'eau reflète les dauphins
Est comme une couronne au milieu de la place.
Un hôtel la fait sienne, un autre hôtel l'enlace
De sa fenêtre ouverte où tremble un baldaquin.

Le silence est un page et sa robe est unie.
Les arbres paresseux de l'automne sans bruit
Jettent, en courtisans, une petite pluie
De feuilles d'or. Et l'eau de la fontaine luit.

Des femmes qui s'en vont aux vêpres du dimanche
Passent sans regarder cette vasque où, le soir,
Doivent venir en chœur, languissantes et blanches,
Se baigner les Psyché délaissant leur boudoir.

Un style Louis quinze et des courbes toscanes
Font les beaux sur la pierre où dansent leurs
contours ;
Ils paradent devant la mousse qui se fane,
Devant l'ombre qui monte et devant son amour.

Le temps est le dernier galant de la fontaine ;

Sans se lasser, à chaque aurore il lui redit :
« Tes dauphins et ton eau ressemblent à la peine
Que trace le printemps dans le printemps parti. »

IX

La foi, cette raison et ce doux scapulaire,
     Reviendra-t-elle encor !
Oublierai-je, appuyé sur sa chaude lumière,
     Mon âge et mon effort ?

Comblerai-je de fleurs limpides cette route
     Où règne le chardon ?
Me mettrai-je à genoux devant Dieu qui m'écoute
     Et croirai-je au pardon ?

Que je voudrais m'ensevelir dans une église,
     Sous un vitrail de saint
Et porter, à jamais, sur mon corps qui s'épuise,
     Une robe de lin.

Temps des enfants de chœur et des aubes ravies
     Je me souviens de vous.
Ah ! mes livres disant à la Vierge Marie :
     « Ayez pitié de nous ! »

J'ai vu Lourdes, jadis, dans un pélerinage.
     Ma mère, près de moi,

Puisa l'eau de la source et fit sur mon visage
        Le signe de la croix.

Étais-je loin du ciel, heures pyrénéennes,
        Quand mes bras se tendaient
Vers le mystère blanc et vers la cantilène
        Du Gave qui coulait ?

Pourquoi n'ai-je gardé ma si vive innocence ?
        Pourquoi ai-je vécu ?
Pourquoi l'amour humain eut-il la préférence
        De mon cœur éperdu ?

Que m'a servi de posséder mon vain courage
        Et de toujours cueillir
Puisqu'au premier berceau, lassé de mon voyage,
        Il me faut revenir !

X

Mais je ne vous ai pas appelée mon amie !
    Laissez donc mon amour…
Peut-être mourra-t-il, d'avoir vécu sa vie,
    Avant la fin du jour.

Il a les yeux fermés… Ne touchez ses paupières…
    Il ne doit plus vous voir.
Si vous savez prier, faites une prière ;
    C'est votre seul pouvoir.

Ne pleurez pas sur lui, pleurez sur votre peine
    Puisque vous n'avez su,
De votre liberté, faire une double chaîne
    Autour de son corps nu.

XI

Pourquoi voudriez-vous que mon amour vive ?
     Pourquoi vers vos yeux
Mettrait-il encor sa flamme si vive
     Dont dispose Dieu ?

Pourquoi voudriez-vous que vos dents déchirent
     Son visage humain ?
Pourquoi voudriez-vous que votre délire
     Écrase ses mains ?

Pourquoi voudriez-vous que lorsqu'à la tombe
     Il est préparé,
Sous votre mensonge heureux il succombe
     Et soit dévoré ?

XII

Un conseiller du Roy
Vint habiter ici.

Voici la pièce d'eau
Entre les deux allées.

Le pavillon se voit
Dans le parc comme un nid.

Peinture de Van Loo,
Amours des cheminées,

Rampe de fer forgé,
Double escalier de pierre,

Je vous donne mes yeux
Et l'automne est sur vous.

Voulez-vous partager
De mon cœur solitaire

Le rêve harmonieux

Et le charme jaloux ?

Vous m'appelez trop bien
Quand trop tôt l'on me laisse.

Quitterai-je mes pins,
Mes cyprès, mes fontaines

Pour m'unir de vos liens
Qui sont de tendres chaînes ?

Ah ! qui sait mon destin
Si vous savez ma peine !

XIII

Automne, jeune dieu à la robe dorée,
    Je te retrouve encor.
Des mêmes dahlias ta tête est couronnée.
    Toujours ton même corps,

Toujours ta même odeur, toujours ta même gloire,
    Toujours tes mêmes bras !
J'ai beau de mes années gravir le promontoire,
    Seul tu ne vieillis pas.

Je change de pays, tu me suis de ta course.
    Rien de ton long destin
N'est affligé de deuil, et tu restes la source
    Quand je suis le bassin.

Voyageur ennivré de mille paysages
    Je voudrais, comme à Dieu,
Te cacher, sous des fleurs, la route du voyage.
    Puis-je tromper tes yeux ?

L'aurore des chemins et le poids des distances
    Sont trop greffés en moi.

Regarde donc, automne ! À ma lointaine enfanée
    La cendre fait un toit.

Que de jours, que de nuits, j'ai cru, dans ma pensée,
    Pouvoir te ressembler !
La roue de mon orgueil s'est maintenant brisée ;
    Mon rêve est envolé.

Quel regret tisserai-je et quelle jalousie,
    Puisqu'il me faut savoir
Qu'une raison se renouvelle quand la vie
    Ne va que jusqu'au soir ?

Automne, tu n'es plus l'aîné. La mort nous classe
    Et j'en suis le plus près.
Des siècles passeront. Tu garderas l'espace,
    Moi j'aurai le cyprès.

En attendant le jour des fiançailles brunes
    De la terre et des os,
Jeune dieu qui mordant les feuilles une à une
    Les jette autour de l'eau,

Jeune dieu dont la flûte est taillée dans la vigne
    Et la pomme de pin,
Jeune dieu dont les mains trop rouges égratignent
    Les branches du jardin,

Jeune dieu sois encor l'ami de ma tendresse.

Laisse croire à mon cœur
Que l'amour n'est au fond que le plaisir qui dresse
Un mélange d'odeurs.

Ainsi de n'avoir pas l'inutile courage
De ma fidélité,
Je prendrai de ce parc et de ce paysage
La multiple beauté.

Jamais emprisonné, le repos de mes ailes
Se renouvellera.
Je ne me donnerai que pour la joie cruelle
De désunir mes bras.

XIV

M'avez-vous tant donné de paix et de courage
      Pour me les retirer,
Ô jardin transparent qui portez un visage
      Si calme et si doré ?

J'avais en vous remis la pure confiance
      De mon élan nouveau.
Vous étiez le soutien de ma bonne espérance
      Qui s'achève trop tôt.

Je pensais qu'un printemps de plus devrait éclore
      Sur mon cœur parfumé
Et que les amandiers jalouseraient encore
      Mon bonheur d'être aimé.

N'étiez-vous qu'un miroir et n'étais-je qu'une ombre,
      Jardin qui n'aurez vu
Deux fois la même fleur renaître ardente et sombre
      Entre vos murs si nus ?

XV

J'ai vu, dans mon jardin, la reine provençale.
      L'automne harmonieux
Caressait de clarté son cœur et ses mains pâles,
      Sa tendresse et ses yeux.

Des rayons de soleil dansaient comme des pages
      Autour des trois coussins
Contre la soie desquels s'effondrait son visage
      Si chèrement humain.

J'ai dit : « Ces buis, ces pins, ces cyprès, cette source
      Que vous aimez déjà
Ne m'appartiennent plus. Reprenez votre course,
      Ne vous arrêtez pas.

Ne mêlez votre ardeur, fille de la jeunesse,
      Au triste enchantement
De faire d'un jardin un ami qui vous laisse
      Ne fusse qu'un moment.

C'est pour toujours que m'abandonne la terrasse
      Où vous vous reposez,

Pour toujours que la vie de ce petit espace
    De moi doit s'effacer.

Ne cueillez pas de souvenirs ; que votre bouche
    Au lieu de respirer,
Insulte le bonheur que mon âme farouche
    Voulait encor serrer.

N'aimez pas cette allée où l'ombre et le silence
    Se sont tant refletés.
N'aimez pas, croyez m'en, ô reine de Provence,
    Ma vaine royauté.

Que vous resterait-il puisque rien ne me reste,
    Sinon cette douleur
D'être plus dépouillé ? Ne faites pas le geste
    De rassurer mon cœur.

S'il est d'autres jardins vaudront-ils dans leurs branches,
    Dans leur courbe et leur buis,
Dans leurs parfums d'étés et leurs fontaines blanches
    Ma peine d'aujourd'hui ?

Peut-on recommencer, à chaque paysage,
    Un éternel roman ?
Peut-on recommencer à vouloir davantage
    Que son beau dénuement ?

Je serai, dans les fleurs prochaines, cette morte
        En robe de satin
Qui sourit au tombeau vers lequel on la porte,
        La morte sans destin.

Vous viendrez me revoir. Votre paresse encore
        — Dans un décor moins doux —
Trouvera les coussins que votre tête adore.
        Je chanterai pour vous.

Je chanterai, car mon orgueil est une armure
        Sur laquelle le vent
Peut essayer sa force et ses cris. Mes blessures
        Vivent secrètement.

Je vous prendrai la main et nous irons ensemble
        Dans l'heureuse saison.
Vous me direz tout bas : « Cette maison ressemble
        À l'ancienne maison. »

Je ne vous croirai pas mais feindrai de vous croire,
        Sachant que mon amour,
Dans le jardin nouveau, restera la fleur noire
        Qui s'effeuille toujours. »

Aix-en-Provence, 1911-1912.